# なでしこジャパン
# 壁をこえる奇跡の
# 言葉128

江橋よしのり＋馬見新拓郎 編

二見書房

# はじめに



澤穂希が初めて「世界」を体験したのは、1995年6月に行われた第2回女子世界選手権（現在の女子ワールドカップ）でのことだ。

当時、彼女はまだ16歳だった。ドイツ、ブラジル、スウェーデンとのグループリーグ全3試合に出場し、無得点。準々決勝のアメリカ戦は、松葉杖をついてのスタンド観戦という苦汁をなめた。

そのとき、澤は「アメリカに勝つ」ことを目標に置いた。

それから16年が経った。実に人生の半分を日本代表とともに歩んできた澤は、ずっと思い続けていた。

「アメリカに勝ちたい」と。「世界一になりたい」と。

当時の日本のレベルを考えれば、実現できる根拠があったとは言いがたい願いだった。

しかし、夢は根拠を探してから見るものなのだろうか。

目標は、根拠がなければ立てられないものなのだろうか。

澤は人とは違った。

根拠よりも「なりたい自分」を大切にしたのだ。

彼女はそうした思いをずっと持ち続けた結果、世界一を狙うにふさわしい仲間を得て、2011

年ワールドカップ決勝の舞台で、アメリカと対戦する機会に巡り会ったのだ。

思い続けることで、「根拠」が後からついてきたのではないだろうか。

「これはサッカーの神様がくれたチャンスだと思う」

「早く試合がしたい」

「アメリカに負ける気がしない」

決戦前夜の澤は、夢を叶えるために着実にステップを踏んできた自分を信じ切っていた。

試合は、先制され、追いついて、また突き放される展開となった。延長前半13分、ワンバックに仁王立ちヘッドを叩き込まれた次の瞬間、澤は仲間たちにこう言った。

「まだ行ける！」

そして迎えた延長後半11分。左コーナーキックから、澤が同点ゴールを決めた。

澤が右足に乗せたのは、16年分の「あきらめない心」だった。それだけではない。日本女子代表結成から30年間、女子サッカーに関わったすべての人たちの願いも宿していたのかもしれない。

高くて厚い壁をこえるのに必要なのは、逆境に負けない心。自分には「できる」と信じる心。

「なりたい自分」を夢見る心――。

世界の頂点にたどり着いたなでしこジャパンの、そんな心から生まれた珠玉の言葉の数々を、ぜひ味わってほしい。

江橋よしのり

World

Our
You

# 目次 contents

## なでしこの歩み／主な国際大会成績（1990年以降）

1990 アジア大会　準優勝（開催地・北京）

1991 第1回FIFA女子世界選手権（W杯）
グループリーグ敗退（開催国・中国）

1994 アジア大会　準優勝（開催地・広島）

1995 第2回FIFA女子世界選手権（W杯）
ベスト8（開催国・スウェーデン）

1996 アトランタオリンピック　グループリーグ敗退

1998 アジア大会　3位（開催地・バンコク）

1999 第3回FIFA女子世界選手権（W杯）
グループリーグ敗退（開催国・アメリカ合衆国）

2000 シドニーオリンピック（出場権を得られず）

2002 アジア大会　3位（開催地・釜山）

2003 第4回FIFA女子ワールドカップ
グループリーグ敗退（開催国・アメリカ合衆国）

2004 アテネオリンピック　ベスト8

2006 アジア大会　準優勝（開催地・ドーハ）

2007 第5回FIFA女子ワールドカップ
グループリーグ敗退（開催国・中国）

2008 北京オリンピック　ベスト4（4位）

2010 アジア大会　優勝（開催地・広州）

2011 第6回FIFA女子ワールドカップ
優勝（開催国・ドイツ）

企画・編集　NOVO＋鈴木ユータ
カバー・本文デザイン　ヤマシタツトム
DTP　横川浩之
写真協力　日刊スポーツ

※文中の「取材ノート」は編者自身の取材記録によるものです。

第1章

# 挑　戦

the challenge

# 世界一を目指さないか。



### 佐々木則夫監督

2009年10月の取材ノートより

北京五輪をベスト4で終えると、「メダルを取った3か国は優勝を目指していた。その差が最後に出た」と分析。11年W杯の目標を話し合う選手ミーティングを前に、監督はこう言って新キャプテン澤の背中を押した。このひと言が、選手たちの決意を固める重要な引き金となった。

成功の反対は失敗ではなく、
「やらないこと」だ。

11

佐々木則夫監督

『なでしこ力』(講談社)より

自分の評価が下がることを気にして、言われたことを言われたとおりにやっていればいいや、という選手に対し、「自分を表現する」ために知っておいてほしい言葉。

目標というものを、
すぐに叶えられるようなものではなく、遠くに設定したかった。
その時の自分では無理だろうな、というぐらい高いところに。

**永里優季**

『週刊サッカーダイジェスト』
2010年2月16日号のインタビューより

---

ドイツ移籍を控えていた際、「海外移籍は中学1年時にすでに目標とされていたとのことですが、なにかきっかけがあったのですか?」との問いに答えて。

僕は監督に就任後、アメリカ戦5連敗中です。
サッカーの神様は、
そろそろ僕に1勝をくれるでしょう。



佐々木則夫監督

2011年7月16日の取材ノートより

11年女子W杯ドイツ大会・アメリカ戦前日のコメント。世界ランキング1位・アメリカとの対戦は、佐々木監督就任以前の戦績を含めても0勝3分21敗と分が悪い相手。だが翌日の決勝戦では、サッカーの神様が佐々木ジャパンに微笑み、歴史的な一勝をあげた。チャレンジャーはいつでもポジティブだ。

自分がどうするか、ですから。



**永里優季**

『週刊サッカーダイジェスト』
2010年2月16日号のインタビューより

---

ドイツ移籍を控え、「安藤梢選手もドイツ移籍を決めましたが、ライバル心は?」との問いに、「少しはありますよ、だけどそこまで気にしていません」との答えに続けて。

W杯の決勝という最高の舞台で
アメリカと対戦できるということは、
サッカーの神様がチャンスをくれたのだと思う。

### 澤穂希

2011年7月16日の取材ノートより

---

11年女子W杯ドイツ大会決勝・アメリカ戦を翌日に控えて。女子サッカー大国・アメリカで2度にわたってプレーした経験を持つ澤が、そのアメリカとの決勝を前に会見で述べた言葉。何度も苦汁を飲まされてきた相手との一戦を、あえて「チャンス」とプラス思考に捉えたコメント。

# 6試合で徐々に大きなチームになっていきたい。

18

宮間あや

2011年6月26日の取材ノートより

なでしこジャパンの初戦を翌日に控えながら、決勝まで戦うことを想定して話した言葉。その宮間の言葉どおり、なでしこジャパンは徐々に大きなチームになっていき、初の優勝まで駆け上がった。

19

この大会では、自分で自分のプレーを壊す。
今持ってるベースを壊していって、殻を破る。

宇津木瑠美

2011年7月1日の取材ノートより

11年女子W杯ドイツ大会・メキシコ戦後のコメント。代表入りを果たしてから6年になる宇津木は、この大会で自らチャレンジしてみたいこととして、この言葉を挙げた。これまでの自分から生まれ変わりたいという強い意志が感じられる。

北京五輪は、
自分たちが不甲斐なかったせいで、
先輩たちを決勝につれていけなかった。
その悔しさも、明日の成功に変えたい。



宮間あや

2011年7月16日の取材ノートより

11年女子W杯決勝・アメリカ戦前日のコメント。なでしこジャパンは北京オリンピック・準決勝でアメリカに敗れ、3位決定戦でもドイツに完敗。同大会を機に引退を決めた〝元〟なでしこジャパンの面々と味わった悔しさを、翌日の決勝で晴らすことを固く誓った。

調子が良くても悪くても
「その日の100%」を必ず超えてみせる。

**宮間あや**

『サブラ』
2008年3月号より

---

北京オリンピックへの決意を聞かれての発言。根底には「サッカーは技術以上に精神面で勝負が決まるスポーツ」との思いがある。技術力の高い宮間の言葉だけに、より重く響く。

# アメリカに勝てたのは運もあった。

24

宮間あや

2011年7月17日の取材ノートより

11年女子W杯ドイツ大会・アメリカ戦後のミックスゾーンでのコメント。類まれな戦術眼を持つ宮間は、いつでも冷静に試合を分析し、自分の考えを自分の言葉で語る。「PK戦っていうのはほとんどが運だから」と日頃から口にしていた彼女は、PK戦で優勝を決めたあとでも、やはり一際クールなプレイヤーだった。

いつかパーフェクトなサッカーがしたい。
ワールドカップがそうなれば……。



阪口夢穂

2011年6月29日の取材ノートより

11年女子W杯ドイツ大会での練習後のコメント。サッカーに対して、個人的な欲を語ることがほとんどない阪口だが、「完璧な試合なんて一度もしたことないです」と発言したあと、こう続けた。全選手にとって永遠のテーマに違いない。

宝くじは買わないと当たらない、
シュートは打たないと入らない
ということを実証した。

## 佐々木則夫監督

2011年7月9日の取材ノートより

---

終始守勢に回りながら、丸山桂里奈の値千金のゴールで優勝候補・ドイツを下した一戦を振り返ってのひと言。「何もしなければ、何も起こらない」ということを宝くじを使って表現。この試合でなでしこジャパンが放ったゴール枠内シュート2本のうち、丸山の1本が決まって準決勝進出が決まった。その後の練習では、選手がときおり「宝くじシュート!」と叫びながらシュート練習をするようになった。

# 課題は多いが、臆することはない。



**佐々木則夫監督**

2008年2月の取材ノートより

---

監督に就任後、初の国際大会「東アジア女子選手権」で優勝。半年後に迫った北京オリンピックに向けての手応えを聞かれ、こう答えた。ひたむきな努力を続ければ、チームは必ず伸びるという確信に満ちている。

この場にいることを、
当たり前だと思っていません。

29

山郷のぞみ

『週刊サッカーダイジェスト』
2010年12月14日号より

なでしこジャパン初のアジア大会制覇後のインタビューでの言葉。33歳での北京オリンピック代表落選から2年。常に挑戦を続ける守護神はたゆまぬ努力で、代表に返り咲いた。決勝戦でもチームに安心感をもたらした。

ほど、チームメイトに勇気を与えた一撃だ。過去の対戦成績などの客観的なデータを、澤はたった1分で、たったワンプレーで無効にしたのだ。

前半11分、川上直子のアーリークロスを、相手DFがクリアミス。詰めていた荒川恵理子が押し込んだ。日本が先制した。前半終了間際にはオウンゴールで2点目がもたらされた。

後半は相手の波状攻撃を浴びることになる。強烈なシュートがバーを直撃する。2点のリードもおぼつかないほど、選手たちは追い込まれたという。

「それでも、私たちは1人じゃなかった」

守護神・山郷のぞみは、初めて感じた気持ちを口にした。

「背中に響く何万人もの声が、私たちを支えてくれたから」

その後、大谷未央が追加点を奪い3-0となった。やがて笛が鳴り、彼女たちはオリンピックの出場権と、サッカーを続けられる未来を手に入れた。

そういえば、決戦の約1か月前、澤は私に、こう言っていた。

「夢は、見るものではなく、叶えるもの」だと。

文＝江橋よしのり

column 1

なでしこ名勝負——Ⅰ

# 崖っぷちからオリンピックへ

日本女子代表が、まだ「なでしこジャパン」と呼ばれる前の話だ。

2004年4月24日。アテネオリンピック行きをかけたアジア最終予選に出場していた日本は、北朝鮮との準決勝を迎えた。日本は北朝鮮に対し、直接対決で12年間、勝ち星をあげたことがなかった。そしてグループリーグの戦いぶりからも、日本と北朝鮮との実力差は明らかだった。



勝てばオリンピック。しかし、負ければ日本女子サッカー界はすべてを失うだろうと言われていた。国立競技場には、日本女子を後押ししようと、3万2000人もの観客が詰めかけていた。女子代表史上、最高の観客数だった。だが、オリンピック行きを逃せば、L・リーグ（日本女子サッカーリーグ）を支援する企業はさらに減るだろうし、地域からも見放されるかもしれない。中学・高校の女子サッカー部もなかなか増えないままだった。サッカーをやりたいと思う女の子も、いつしかいなくなってしまうのではないか。

もしかしたら、女子サッカーに関心が集まるのも、今日が最初で最後かもしれない。そう思うと私はたまらなく切ない気持ちになった。

19時20分、国立競技場にキックオフの笛が鳴り響く。すると開始わずか1分、澤穂希が渾身のタックルで相手を突き飛ばした。後に多くの選手が「あのプレーで、今日は日本が勝つと確信した」と証言する

すごい、とは思うけど、
どうしようもない差ではない。

32

安藤梢

『週刊サッカーマガジン』
2011年2月8日号より

クラブのチームメイトであるドイツ代表選手たちについて聞かれて。「思っていた以上にすごいし、スピードもフィジカルも、そして予想以上に技術もある」としながらも「絶対に日本もやれる」と語った。

よく母に「チャンスはつかみなさい」と言われました。
要所要所チャンスがあって、
それをつかむかどうかは自分にかかっている。



澤穂希

『AERA with Kids』
2009年4月号より

２度目のアメリカ・プロリーグ挑戦について、「自分にはまだ可能性があるし、挑戦しつづけたい」と語る。その背景には子供の頃から熱心に応援し続けてくれた母親の教えがあった。

やり切ったと思えるように、走り続けたい。



**澤穂希**

『サンケイスポーツ』
2011年6月22日号より

11年女子W杯ドイツ大会に飛び立つ直前のコメント。自身5度目となるW杯挑戦に対する決意表明。全6試合すべてに出場し、言葉どおりピッチを走り続けた。まさに有言実行のひと言だった。

ここでやらなくていつやるんだと思うので。
いいかげん勝ちます。

35

宮間あや

『日刊スポーツ』
2011年7月15日号より

11年女子W杯ドイツ大会準決勝スウェーデン戦勝利後のコメント。決勝で対戦するアメリカに対して向けられた言葉。対戦成績が、0勝21敗3分というアメリカが相手でも、宮間が臆することはない。彼女の強い気持ちが延長後半の同点劇を生んだ。

（ドイツに勝って）新しい歴史を作りたい。



**安藤梢**

『日刊スポーツ』
2011年7月9日号より

11年女子W杯ドイツ大会準々決勝ドイツ戦直前のコメント。所属するデュイスブルグのチームメイトとも対戦することになり、安藤は「ドイツにだけは絶対負けたくない」と意気込んだ。歴史は学ぶだけではなく、作るものでもあるということを結果で証明した。

「私にはできる」と、自分を信じる心なのだ。

**佐々木則夫監督**

『なでしこ力』(講談社)より

---

なでしこジャパンの「ひたむきさ」の源について。つらい境遇を我慢しているわけでもなく、誰かの命令にただ従っているからでもない。彼女たちはみな、自分を信じ、チャレンジし続けているのだ。

（五輪が）開幕すると、
女子サッカーは見てもらえなくなる。
多くの人に知ってもらえるような
試合にしたい。

池田（旧姓・磯崎）浩美

『日刊スポーツ』
2008年8月4日号より

---

北京オリンピック開幕直前のコメント（サッカーは開幕式より前に競技が始まる）。当時主将を任されていた池田は、低迷する女子サッカーを何とか盛り上げたいと意気込む。なでしこジャパンは、いつの時代も女子サッカー全体の繁栄を願い続けてきた。それを表す象徴的なひと言。

本当に、もういいかげんにしよう
っていう気持ちはある。
ここでギャフンと言わせたい。



**大谷未央**

『週刊サッカーマガジン』
2004年4月27日号より

---

アテネオリンピック出場をかけた北朝鮮との戦いを前にインタビューに答える。「アジア選手権の敗戦（0-3）は払拭できているか？」との問いに「引きずることはない」との強気の姿勢を見せた。

形なんかにこだわらない。
私たちの魂を乗せて戦います。



小野寺志保

『DIME』
2004年5/6月号より

アテネオリンピックの予選を間近に控えて。前回、シドニーオリンピック行きを逃した女子代表の衰退ぶりを肌で味わったGKは、日本女子サッカーの命運をかける戦いを前に決意を語った。凄みすら感じさせるひと言。

# 自分の世界に入るため
# 味方のキックは見なかった。



海堀あゆみ

2011年7月17日の取材ノートより

11年女子W杯ドイツ大会決勝戦でのPK戦。日本選手がPKを蹴るとき、海堀はペナルティエリアの外で味方のキックを見守ることをせず、手で目を覆っていた。次の自分のセービングだけに集中するため、精神を研ぎすませていたのだ。

「結婚したらサッカーが続けられない」
っていうことがあってはいけない。



池田（旧姓・磯崎）浩美

『スポルティーバ』
2008年3月号より

結婚後も現役選手を続けた磯崎にとって、今後、女子サッカーが発展していくためには、「自分が（結婚しても）やれるんだってことを証明しないといけない」という強い気持ちがあったという。

怪我をする前のことは、
考えないようにしている。

45

阪口夢穂

2011年7月16日の取材ノートより

2009年に左膝前十字靭帯損傷し、一時は長期戦線離脱を余儀なくされたが、この女子W杯に合わせるように見事に代表にも復帰。「負傷中には女子W杯なんて考えられなかったのでは」という記者の質問に「そうですね……」と答えたあと、続けてこのようにあっけらかんと話した。

# 印象深い試合などありません。



**澤穂希**

『Number』
8月18日号より

11年女子W杯ドイツ大会期間中に行われたFIFAのインタビューで、「これまでのW杯で印象に残った試合は？」と聞かれて。W杯で何の記録も残せていないことから、こう返答した。この大会にかける強い気持ちの表れでもあった。

ゴールを決めることしか考えていない。
それが私に求められていることだと思う。



永里優季

『日刊スポーツ』
2011年6月28日号より

11年女子W杯ドイツ大会直前のコメント。あえて自分にプレッシャーをかけ続け、グループリーグ第1戦ニュージーランド戦で、見事に先制点を決めた。求められる仕事をしっかりと認識して、それに集中する姿は学ぶべきものが多い。

# 自分が点を取れば勝てる。



永里優季

『サンケイスポーツ』
2011年7月1日号より

11年女子W杯ドイツ大会直前のコメント。言葉どおり、初戦のニュージーランド戦では、見事な先制点をあげて勝利に貢献。自信を持って、試合にぶつかることが成功への道につながるのだ。

どこまでやろうとか、ああいうふうに
やろうっていうのはないんです。
だって、私の前には、
歩いてった人がいないから。



高倉麻子

『たしかな目』
1995年5月号より

---

インタビューで「あと何年くらい現役を続けるか?」と問われて。高倉は、1989年第1回日本女子サッカーリーグで記念すべき初得点をあげ、公式戦出場226試合を記録した女子サッカーの第一人者である。なでしこジャパンと呼ばれる前、誰にも注目されなくても、ひたむきにサッカーを続けてきた先輩たちがいたからこそ、今の成功がある。

2011年女子W杯に参加したGK山郷のぞみ、MF澤穂希のふたりは当時、代表の主力メンバーであったため、同年代の女子サッカー選手が次々と引退に追い込まれていった冬の時代を知っている。ふたりのベテラン選手は、どんな国際大会に臨む前でも常に危機感を持ち合わせ、代表に選ばれた大きな責任感を周囲に伝えながらプレーしてきたのだ。

現在の日本女子サッカー界は、突如として訪れた冬の時代に比べると、試合会場や選手への待遇面などは徐々に改善されてきた。しかし決して恵まれた環境というわけではない。チーム経営・存続が難しいチームは今でもあるのが実情だ。

山郷、澤といった選手が冬の時代もサッカーを続け、そして女子W杯ドイツ大会では、練習のときからプレーや言葉で、代表選手が目指すべき心構えを示してきた。その言葉の一端を、本書で垣間見ることができるだろう。

世界の頂点に立った今、再び日本女子サッカー全体が上向こうとしている根底には、こういった選手の絶え間ない努力と、周りに冬の時代を伝えようとする言葉があったのだ。

文＝ 馬見新拓郎

column 2

# 山郷、澤が発する言葉の重さ
## ―冬の時代を乗り越えたふたり―

2011年女子W杯ドイツ大会で世界の頂点に立った日本女子代表だが、日本の女子サッカー界は、いつでも日の当たる場所ではなかった。

男子のJリーグに当たる日本女子サッカーリーグは、1994年からL・リーグという名称となっていたが、2004年にはなでしこリーグに改称。同年、日本女子代表に「なでしこジャパン」という愛称がつけられ、それが定着してきたことを受けて現在のリーグ名称となった。なでしこリーグには活動自粛中のTEPCOマリーゼを除き、現在は9チームが所属しているが、アマチュアリーグの定めか、過去にはリーグ存続の危機に立たされた"冬の時代"があった。

もっとも、その冬の時代が訪れる前には華やかな時代もあった。92年から98年頃までがそれに当たるだろう。カナダ女子代表のシャーメイン・フーパー、ノルウェー女子代表のリンダ・メダレンといった世界の一流女子サッカー選手が活躍の場を求めて来日し、世界屈指の女子リーグが日本には存在していた。しかし90年代後半頃からは日本経済が不況に陥り、そのしわ寄せを受けるかたちでL・リーグから撤退する企業が出てきた。きらびやかなユニフォームでピッチを彩ったL・リーグの企業チームは消滅していき、各チームは地域クラブチームへと形態を変えていった。

このL・リーグ衰退は不況に端を発したものであったが、それに追い打ちをかけたのが、日本女子代表が2000年のシドニー五輪出場権を逃したことだった。

# 第2章
# 逆　境
the adversity

# 苦しくなったら私の背中を見て。



**澤穂希**

2008年8月21日の取材ノートより

世界大会で初のメダル獲得を懸けた一戦・北京オリンピック3位決定戦ドイツ戦の試合前のミーティングで、チームメイトにかけた心強い言葉。澤のひと言でチームがまとまり、なでしこジャパンは死力を尽くしたが、惜しくもメダルには手が届かなかった。しかし世界大会で当時最高位の4位に輝き、世界との差を縮めた。

SAWA
10

まだ自分の力を試すほどのレベルにも達していなかった。
女子W杯は私にとってチャレンジする場所だと思っていたけど、
チャレンジする位置にも、まだ自分はいませんでした。

## 宇津木瑠美

2011年7月17日の取材ノートより

---

11年女子W杯決勝後のミックスゾーンでの発言。海外に活躍の場を求めてフランスでプレーし、今回の女子W杯に参加した宇津木は、全6試合中2試合、しかもタイムアップ間際に出場するに留まった。年代別代表チームでは中心選手として活躍してきたが、なでしこジャパンのレギュラーの座はまだ遠い。そう自分に言い聞かせるように、今大会を振り返った言葉。

サッカーを続けるよう
周りに背中を押してもらった。
被災地の知り合いからは
「大丈夫？　サッカー続けられる？」
って逆に心配まで。
女子W杯では感謝の気持ちを込めて
プレーしたい。



鮫島彩

2011年6月17日の取材ノートより

親善試合韓国戦前日のミックスゾーンでの発言。東日本大震災から約3か月、それまで所属していたTEPCOマリーゼが活動を自粛したため、鮫島は女子W杯後、ボストン・ブレーカーズ（アメリカ）でプレーすることが決まった。被災地に向けて、感謝の意を込めながらプレーすることを誓った言葉。

結果を残すためには、
誰かが我慢しなきゃいけない。



山郷のぞみ

2011年7月17日の取材ノートより

若手の海堀あゆみにポジションを明け渡すかたちで、女子W杯ではチーム全体のサポートに回った山郷だからこそ言える、悔しさもにじんだひと言。

# こんな内容じゃ絶対に優勝できない。

60

**澤穂希**

2010年5月8日の取材ノートより

アジア杯に向けた壮行試合第1戦のメキシコ戦で快勝するも、ゲーム内容の悪さを嘆いての言葉。チームはアジア杯本大会に入ってから調子を上げるが、3位でギリギリ11年女子W杯ドイツ大会への出場権を獲得。澤の発言どおりアジア杯優勝はほど遠かった。

# ここで負けたら、
# 女子に力を入れてもらえないと思った。



川上直子

『週刊サッカーマガジン別冊』
2004年8月31日号より

---

アテネオリンピック出場を決めた北朝鮮戦を振り返って。対談相手・松井大輔の「(北朝鮮に勝つなんて) すごいな」との発言を受けて。女子サッカー選手は国際大会で1勝するかしないか、それが自らの未来に大きくかかわることを熟知している言葉。

「今日は身体が重いな」っていう時でも、
1回でも手を抜いたら、
いままでやってきたことが全部消される。



川上直子

『週刊サッカーマガジン別冊』
2004年8月31日号より

「（体力的に）しんどい時期があった」と告白。サイドバックは試合中も運動量が求められるうえに、練習でも先頭を走らないといけないのではないか、というプレッシャーもあったという。しかしMFからサイドバックに転向した川上は、鋭い攻撃参加を武器に代表や所属チームで数々の勝利に貢献した。

これを乗り越えたら成長できる、
逆にチャンスだ。



安藤梢

『週刊サッカーマガジン』
2011年2月8日号より

ドイツへ移籍し1年が経過した時点でのインタビュー。「メンタル面の変化はありますか?」と聞かれ、苦しい状況もポジティブに考えられるようになったとコメント。逆境をものともしない、力強さが感じられる。

何点とられても「返せる」って、
最後まであきらめない。
女はしつこいですから。



川上直子

『BIG tomorrow』
2005年11月号より

「女子サッカーの魅力は?」との問いに、「『粘り』ですね」と答えたあとに続けた言葉。欧米にはフィジカルで差をつけられる、なでしこジャパンだが、川上のあきらめない気持ちが今のなでしこジャパンの地位を築いたといっても過言ではないだろう。

JFA
adidas
KIRIN
JFA
adidas
KIRIN

そうはいっても、アメリカにも弱点はある。



**澤穂希**

2011年7月16日の取材ノートより

記者に世界ランク1位のアメリカの印象を聞かれての回答。相手を冷静に分析して活路を見出したキャプテンの自信をのぞかせたひと言。

女子W杯で私は試合に出場できなかったけど、
逆にみんなとは違ったことを学べた。



矢野喬子

2011年7月24日の取材ノートより

フィールドプレーヤーで唯一11年女子W杯大会に出場できなかったことを振り返ってのひと言。苦い貴重な経験を武器に、あくまでも前を向いて代表でのレギュラー定着を改めて誓った。苦しい経験に立ち向かうのか、目を背けるのかでその後の人生は大きく変わるはずだ。

2位通過のほうがいいんだよ、と
サッカーの神様が言っているのかもしれない。

## 佐々木則夫監督

2011年7月5日の取材ノートより

グループリーグ最終戦・イングランド戦に敗れ、2位通過となってしまったなでしこジャパン。その結果、決勝トーナメント1回戦では過去に一度も勝てていない、前回優勝のドイツと戦うこととなった。選手を鼓舞するひと言。

気持ちで負けている部分もあった。



**澤穂希**

『日刊スポーツ』
1999年6月28日号より

---

1999年6月、オリンピック予選を兼ね開催された第3回FIFA女子世界選手権アメリカ大会のグループリーグ第3戦ノルウェー戦に0－4で完敗。グループリーグ敗退が決まったあとのコメント。シドニーオリンピック出場を逃し、日本国内での女子サッカーへの関心は瞬く間に低下していった。心が折れることの弱さを知った澤は、この試合であきらめないことを学んだのだった。

# 負けてよかったとは言わないが、
# 負けて得られたものがあった。



**澤穂希**

2011年7月19日の取材ノートより

---

11年女子W杯ドイツ大会グループリーグ第3戦・イングランド戦で敗北を喫し、グループ2位通過に回ったことを振り返っての感想。敗戦を糧にできたと強調する一方、「負けてよかったとは言わない」ところが、代表戦で負けていい試合は1試合もないという澤の理念が垣間見える。

結局、私にはサッカーしかなかったというか、
逃げ道がなかったんです。

川上直子

『BIG tomorrow』
2005年11月号より

---

元日本女子代表の名手も度重なるケガで思うようにプレーできず、サッカーが楽しくなくなり、「もうサッカーをやめて手に職をつけよう」と思ったことがあったという。しかし数々の逆境をはね返し、川上は何度もピッチに舞い戻っていった。

# 「自分にしかできないこと」を追求した。



**池田（旧姓・磯崎）浩美**

『週刊サッカーマガジン』
2009年6月23日号より

高校からサッカーを始めた池田。出遅れたことで、みんなができることができないというコンプレックスをずっと持っていたという。その後、日本代表入りし、キャプテンとして世界のベスト4を経験。その成功の秘訣がこの言葉となって表われた。コンプレックスは時として何かをするうえでの原動力となることを身を持って証明した。

本当に18年間、ものすごい道のりだった。
その思いはだれよりも……。



**澤穂希**

『サンケイスポーツ』
2011年7月19日号より

11年女子W杯ドイツ大会決勝アメリカ戦直後のコメント。15歳で代表にデビューして以来、常に日本女子サッカーの先頭を走り続けた澤にとって初めての金メダル。苦しい時代を知っているだけに、感動もひとしお。誰よりも強く願うことこそ、成功への近道なのかもしれない。

# （アテネ大会のように）出るだけでは満足できない。



**池田（旧姓・磯崎）浩美**

『日刊スポーツ』
2008年8月4日号より

北京オリンピック初戦であるニュージーランド戦を目前にして。良い結果を出さなければ、注目を集められないと常々語ってきた池田。悲壮な決意がにじむ。結果が伴わなければいけない——その思いがベスト4という大きな前進を生んだのだった。

# この試合に負けていれば、
# どうなっていたか……。



**鈴木保**（元日本女子代表監督）

『日刊スポーツ』
2003年7月13日号より

---

2003年7月12日、女子W杯アメリカ大会への出場をかけたメキシコとのプレーオフを2−0で勝利したときの言葉。当時L・リーグ事務局長だった鈴木。相次ぐスポンサーの離脱により、存続の危機を迎えていたL・リーグにあって、涙を流して女子W杯アメリカ大会出場を喜んだ。日本女子サッカーに関わるスタッフ全員が、同じ気持ちで試合に臨んでいた。逆境のなかで一致団結することの大切さがわかる。

# 最後まであきらめずに
# 全力で戦うのが、なでしこジャパン。



**澤穂希**

『日刊スポーツ』
2008年8月7日号より

---

北京オリンピックグループリーグ初戦のニュージーランド戦で同点ゴールを決めて。終了間際の後半41分、宮間あやのフリーキックから鮮やかなボレーでゴールを決めた。執念で勝ち点1をもぎ取った。あきらめないこと、それこそがなでしこジャパンの美学なのである。

# マンガか映画しかないです、こんな勝ち方。



川澄奈穂美

『日刊スポーツ』
2011年7月19日号より

---

11年女子W杯ドイツ大会決勝アメリカ戦を終えて。フル出場を果たした川澄は、二度の同点劇を経てPK戦でつかんだ勝利に喜びを爆発させた。ドラマチックな展開に興奮冷めやらぬ様子だった。素直な彼女らしいひと言。そのあまりに劇的な勝利は、マンガや映画の感動すら越えていたかもしれない。

2008年2月24日
東アジア女子選手権
対中国戦［重慶］

とごとくラインを割った。

42分、コーナーキックから澤のシュートがポストに跳ね返ると、大野が詰めて2点目。完全アウェーだったはずの永川スタジアムから、ほんの一瞬、すべての音が消えた。後半には大野からのクロスを中央で待ち構えた永里がステップバックしてマークを外し、完全フリーでヘディングシュートを叩き込んだ。3-0。観客たちは、自国の優勝をもうあきらめるしかなかった。




残りの時間帯、なでしこジャパンの時計の進め方は印象的だった。澤、永里、大野、途中出場の安藤梢に加え、後方から阪口夢穂までもが意識的にシュートを放った。攻撃をシュートで終わらせることによって、相手からカウンターの機会を奪ったのである。ゴールキックから試合が再開されれば、守備組織を整え直して相手に備えることができる。なでしこジャパンは強者のサッカーを実践したのだ。

ラストプレーも相手のゴールキック。夜空にボールが上がった瞬間、ホイッスルが鳴り、歴史を塗り変えるなでしこの花が、ピッチに咲いた。

試合を終えて、澤は佐々木監督のもとに駆け寄り、こう叫んだ。

「ノリさん！　私15年も代表やってて、初めて優勝できたよ!」

文＝江橋よしのり

column 3

## なでしこ名勝負――II

# なでしこジャパン、初タイトル

2011年7月に初の世界一に輝いた、なでしこジャパンだが、国際大会で初タイトルを獲得したのも、実はつい最近のことだった。

2008年2月。中国・重慶で行われた東アジア女子選手権。それは佐々木則夫監督が就任して、初めて迎えた国際大会だった。

なでしこジャパンは初戦の北朝鮮戦、ロスタイムに澤穂希の劇的なミドルシュートで3-2と逆転勝ちを収めると、続く韓国戦にも2-0で完勝。最終戦は引き分け以上で優勝という絶好の条件で、地元・中国を迎え撃った。

佐々木監督をして「試合巧者」と言わしめた中国に対し、なでしこジャパンは徹底した球際の勝負で序盤の流れを引き寄せた。開始直後から荒川恵理子、永里優季が相手DFのボールを奪ってシュートを浴びせ、中盤のルーズボールは澤、宮間あやがスライディングで制する。スピードが武器の重戦車FW韓端《ハン・ドゥアン》には、岩清水梓らDF陣がタックルをぶちかまし、体ごとタッチの外へ押し出した。

すると19分、近賀ゆかりの「狙っていた」という最終ラインからのスルーパスで永里を走らせると、中央で大野忍が合わせて先制する。

その後、なでしこジャパンがやや受けに回った時間帯もあったが、中国は大事なところでミスを続発した。前線の選手の体のキレも今ひとつ。おまけに濡れたピッチ上ではボールが滑り、危険なロングボールがこ

第3章

# 信　頼

the trust

みんながそれぞれに頑張るっていうだけじゃなく、
こういう時こそ、私たちはひとつだぞっていうことを
伝えたかったたし、感じ合いたかった。

山郷のぞみ

『なでしこ力』(講談社)より

11年女子W杯ドイツ大会出場の最後の椅子をかけた、アジアカップ3位決定戦・対中国戦を翌日に控え、山郷が監督に申し出て円陣の中央で語りだした。何を話したかは詳しくは本人も忘れたようだが、これによりチームの結束力は格段に高まった。

楽しかったことも、辛かったことも、喜びも悲しみも、
すべて一緒に味わってきました。
代表は私にとって家族のようなものです。

**澤穂希**

『マリ・クレール』
2008年8月号より

---

アテネオリンピック開幕を控えての発言。15歳で初選出されて以来、常に中心選手として活躍してきた澤にとって、日本女子代表はかけがえのない存在だ。家族のように信頼しあう間柄を築いているからこそ、勝利の喜びもいっそう大きなものになるのだろう。

あのコースに打てたのは、
山郷さんのアドバイスがあったから。
山郷さんだったら止められてたと思う。



丸山桂里奈

2011年7月9日の取材ノートより

11年女子W杯ドイツ大会準々決勝・ドイツ戦後のミックスゾーンで。今まで一度も勝ったことのないドイツを相手に準々決勝という大舞台で決勝ゴールを決めた丸山。そのゴールについて聞かれてのコメント。GK山郷のぞみとのシュート練習が、大舞台で結果に結びついた。

持ってるのは俺じゃない。
おまえたちだ。
おまえたちは、世界で勝つ力を持っているんだよ。

## 佐々木則夫監督

2008年2月の取材ノートより

---

監督に就任して初めて迎えた「08年東アジア女子選手権」で、なでしこジャパンをいきなり初優勝に導き、選手たちから「ノリさんは何かを持っている」と言われて返した言葉。選手の長所を見抜く眼力が伝わるエピソード。

強くなるために、
チームメイトから怒られることもよくあります。
そんな時はまず「うん、OK」と受け入れてる。
その上で意見を言ってみます。
耳の痛いことでも、絶対に無視はしません。



安藤梢

『anan』
2008年11月26日号より

上手に人とコミュニケーションをとる方法について。代表という限られた時間の中で相手を理解し、最高のチームワークを保つためには、お互いの信頼こそが重要なのだ。

# 小さなコミュニケーションの積み重ねが、信頼感の源だと思う。



近賀ゆかり

『anan』
2008年11月26日号より

食事の時間に和気あいあいと雑談するとか、すれ違いざまに軽くふざけて笑わせるとか、細かいことが信頼を深めるには重要とのこと。なでしこジャパンはピッチの上でもこまめなコミュニケーションを欠かさない。その小さな積み重ねが大輪の花を咲かせる要因になっている。

嫌われたくない、と
意見を控えてしまう時もあるけど、
仲良しだからこそ言わなくては。

92

大野忍

『anan』
2008年11月26日号より

喜怒哀楽が激しく試合中に嫌なことがあると口もきかなかった自分に対し、周りの先輩がいつもタイミングよく話しかけてくれたことに、とても感謝しているという。コミュニケーションの重要性を今度は後輩にも伝えていくことを決意した。

ＰＫ戦には自信があった。
自分を信じて仲間を信じて、跳ぶだけ。
絶対止めようという気持ちで挑んだ。



海堀あゆみ

2011年7月17日の取材ノートより

優勝を決めた女子W杯決勝のPK戦を振り返って。気持ちの強さで、海堀は相手の2本のPKをセーブした。

一人じゃできなくても、
みんなが同じ気持ちになれば、
絶対に良いチームになる。



澤穂希

『週刊サッカーマガジン』
2004年4月27日号より

アテネオリンピック出場をかけた北朝鮮との戦いを前にインタビューに答えた。代表とは、選出された選手全員で戦う場所。大事なことは、みんなが同じ目標に向かっていくことなのだ。

周りに声をかけて
のびのびプレーさせるのが
自分の仕事。



岩清水梓

2011年7月2日の取材ノートより

周りを気遣うディフェンスリーダーに成長した自覚が窺えるひと言。プレーだけでなく、言葉でも周囲を活気づけるコミュニケーションの大切さにふれた。

# 緊張感はあるけど、
# 重荷にはならない。



宮間あや

『サブラ』
2008年3月号より

「フリーキックを蹴るときにプレッシャーはないのか」との問いに答えて。自分の見栄や欲ではなく「チームみんなの思いをボールに送るんだ」と考えながら蹴っているという。

周りに耳を傾けることこそが、
人生の幸せにつながるんだと、
私ははっきりそう思うんです。



海堀あゆみ

『週刊サッカーマガジン』
2008年8月5日号より

「夢のまた夢」だった北京オリンピックの代表に選出され、これまでのサッカー人生を振り返って。「GKは周りの協力がないと成り立たないポジション」という考えを持つ海堀なだけに、意思の疎通は重要なファクターとして捉えている。

いつも支えてくれる山郷さん、
福元さんがいるからこそいいプレーができた。

海堀あゆみ

2011年7月17日の取材ノートより

GK3人の中で最も若い24歳の海堀が、経験豊富な先輩を思ってのコメント。世界中の記者が集まる11年女子W杯ドイツ大会決勝戦アメリカ戦後の会見場で、改めてGK3人の揺るぎない結束力を強調した。

adidas
21
FIFA
adidas
1

自分から言葉を発することで、
チームメイトも自分を
受け入れてくれるようになりました。



安藤梢

『週刊サッカーマガジン』
2011年2月8日号より

ドイツへ移籍し1年が経過した時点でのインタビュー。シーズン前の練習試合でチームメイトにドイツ語でまくしたてられ、萎縮して自由にプレーできなかったが、「このままじゃいけない」と自分から積極的に周りに声をかけるように努めたという。

どんな人と会話をするときでも、
聞こうとする。
そうすることでいろいろな教養も身に付くし、
知らないことも知ることができる、
それはスポーツしていてもしていなくても、
関係ない。



酒井與恵

『リンカラン』
2008年2月号より

信頼感を築くためには相手を知ることが重要。チームメイトはもちろん、敵のことまで知ることが勝利への近道。そのためにふだんから心がけていることとして発言。

みんなで取ったフリーキックだから、
大事に蹴りました。

102

宮間あや

『サンケイスポーツ』
2011年6月28日号より

11年女子W杯ドイツ大会グループリーグ第1戦ニュージーランド戦、後半23分に直接フリーキックを決めて。後半10分に投入された岩渕真奈がペナルティエリア手前で倒されて得たフリーキックをゴール右隅へと沈めて、勝負を決めた。誰か1人の手柄ではなく、チーム全員で獲得した勝利。団結力こそ一番の力の源なのである。

試合に出ている選手は
〝出られない選手のために〟とがんばる。



安藤梢

『日刊スポーツ』
2011年7月12日号より

11年女子W杯ドイツ大会準々決勝ドイツ戦に勝利して。試合終了後、安藤の誕生記念パーティが開催された。チームメイトからのささやかな祝福を受けたことで、さらにチームへの愛情が深まったと喜んだ。ピッチ上だけでなく、ベンチに座る選手すべてが団結しなければ、この勝利は得られなかっただろう。

あとは、自分がやるしかない。

海堀あゆみ

『サンケイスポーツ』
2011年7月19日号より

---

11年女子W杯ドイツ大会決勝直後のコメント。PK戦を前に、こう言ってゴールマウスに立ったという。海堀は、この試合で120分間27本ものシュートを浴びながら、スーパーセーブを連発。PK戦では、2本のシュートをブロックして、優勝の立役者となった。仲間が決めてくれることを信じて、自分がやるべきことに集中する。その姿勢に勇気づけられる人も多いのではないだろうか。

すみません。
自分で点を取るので
帳消しにしてください。



**澤穂希**

『日刊スポーツ』
2011年7月15日号より

---

11年女子W杯ドイツ大会準決勝スウェーデン戦、ハーフタイムの言葉。前半10分、自身の出した不用意なバックパスから先制点を奪われ、チームメイトに謝罪。迎えた後半15分、言葉どおり、こぼれ球を押し込み勝ち越しゴールを奪った。ミスを認め、それをチーム全員に謝り、責任を取る。澤のキャプテンシーがよく表現されたひと言。

私がここにいるのは、
（自分が）生まれる前からの
先輩の努力があったからです。



岩渕真奈

『日刊スポーツ』
2011年7月27日号より

凱旋帰国した直後の会見にて。一時は存続すら危ぶまれた女子サッカーの土台を築きあげてきた先輩たちに向けたひと言。11年女子W杯ドイツ大会では、チーム最年少の18歳で、グループリーグ第1戦ニュージーランド戦で貴重なフリーキックを獲得する活躍を見せた。何世代にもわたって続けられてきた地道な努力の精神。最年少選手と言えど、先輩たちへの感謝の気持ちを忘れてはいない。

「2点を取ってくれ」とは
お願いしてないんですけど（笑）

### 佐々木則夫監督

2011年7月13日の取材ノートより

---

11年女子W杯ドイツ大会準決勝スウェーデン戦後のコメント。女子W杯で初先発した川澄奈穂美が2得点を挙げる大活躍を見せ、佐々木監督の期待に見事に応えた。「川澄には今日、前からの守備をお願いした」と話した佐々木監督が、続けて冗談まじりに川澄のポテンシャルの高さを褒めちぎった。

# どんなに苦しい時も一人ではない！
# 周りを見れば仲間がいるよ。



**澤穂希**

『日刊スポーツ』
2008年8月7日号より

---

北京オリンピックの応援ソングを、三木道三らと制作するにあたり、澤が書きためた歌詞のひとつ。チームプレーを重んじる澤らしい言葉だった。仲間がいるということは、それだけで何かを成し遂げる力になる。澤はそのことを誰よりも知っていたのである。

111

# 苦しいとき、（右手に書かれた）名前を見て力にした。

**大野忍**

『日刊スポーツ』
2008年8月16日号より

北京オリンピック決勝トーナメント第1戦中国戦にて、右手に控え選手全員の名前を書いてプレー。その名前を見て力に変えたという。試合は2－0で勝利し、オリンピック史上初の4強入りを果たした。仲間を思い、仲間に助けられて、チームは大きく成長することを証明した。

かった。失点しないことを最優先に45分を折り返し、後半に決着をつけにきたのだ。

後半24分、途中出場のストライカー、バイラマイがこぼれ球を押し込んでドイツが先制。終了間際の42分にも同じくバイラマイが左から狭いところを狙って2点目をあげた。

やがて笛が鳴り、なでしこジャパンの挑戦は終わった。

ピッチ上で、パートナーの岩清水梓を抱きしめながら、池田は涙を流していた。

「悔しいだけの涙じゃない。持てる力を出せたから」

初めてのオリンピックの舞台でエースストライカーとして全試合先発出場した大野は笑っていた。

「結果は悔しいけれど、戦いの日々に悔いはないです」

そういえば、このドイツ戦が始まる前には、ミーティングで澤がこんなことを言っていたそうだ。

「苦しくなったら、私の背中を見て」と。

メンバー全員で1つの物語を描き、全員で幸せをわかちあったなでしこジャパンが、最高の笑顔で大会を締めくくった。そして……。

「次こそは絶対にメダルを。そして世界の頂点を」

彼女たちは2011年のワールドカップに向けて、新たな目標をそれぞれの胸に刻んだ。

文＝江橋よしのり

column 4

## なでしこ名勝負——Ⅲ

# 涙と笑顔と、新しい夢

「明日は、嬉しくて泣けたらいいな」

キャプテンの池田浩美は、銅メダルをかけてドイツに挑む3位決定戦の前日に、そうつぶやいていた。

2008年8月21日。北京工人体育場。雨は止んだが、湿度96%という蒸し暑いコンディションの中、キックオフを迎えた。

試合開始直後、宮間あやからのスルーパスが大野忍に渡るいきなりのチャンスに、会場中がどよめいた。こぼれ球を永里優季がシュートするが、ボールは枠を逸れた。20分の宮間のシュートは相手GKのファインセーブに阻まれた。

過去の対戦ではチャンスさえほとんど作れなかったドイツを相手に、なでしこジャパンが互角の勝負を演じている。勝ち進むうちに身につけた積極性が、あのドイツを押し込んでいるのだ。

22分。なでしこジャパンの右コーナーキック。ファーサイドから折り返されたボールを澤穂希が強烈なボレーで合わせる。相手GKのアンゲラーは横っ飛びで防ぎにいっているが、後でリプレーを確認すると、体はゴールの内側に入っていた。反応しきれていなかった証拠である。しかし、この決定的なシュートも、ゴールライン上でベーリンガーのクリアで阻まれた。結果的に、これが、なでしこジャパンがもっともメダルに近づいた瞬間だった。

ドイツは前半、力をためていた。攻めている間も守備のバランスを考慮した4-4-2の陣形を崩すことはな

ANDO
7
JAPAN
7

# 第4章

# 未来

the future

目標の選手は、未来の自分。
ライバルは、過去の自分。

永里優季

2011年6月7日
チャリティトークイベントより

---

聴衆から「目標にしている選手は誰ですか?」と質問され、「いませんが、強いて言えば……」に続けた言葉。他人との比較ではなく、自分への挑戦を続ける永里らしさが伝わってくる。

10番なのはあんまり気にしないように。
でもいつか澤さんみたいになりたい。



岩渕真奈

2010年10月31日の取材ノートより

---

埼玉スタジアム2002のミックスゾーンにて。勝ったチームが優勝するという状況のなでしこリーグ最終節で、岩渕は自らのゴールで優勝を引き寄せ、背番号10を背負って初めてのタイトル獲得に成功。背番号は気にしないとシーズンを通してコメントしていたが、やはり憧れの澤穂希という存在は頭から離れなかったようだ。

若い子には、この経験というのを
絶対に次の世代に
つなげてもらわないといけない。



山郷のぞみ

2011年7月17日の取材ノートより

数々の国際大会で戦い続け、敗戦の悔しさも味わってきた山郷が、女子W杯優勝という経験を若手選手に引き継いでいかなければと意見。今後も女子サッカーが発展し続けていくために、大会に参加した21名の選手が進むべき方向を示した言葉だった。

夢をみるのは自分だから。
だったら夢を叶えるために頑張らなくちゃいけないのも自分。周りじゃないから。

## 澤穂希

『DIME 臨時増刊』
2004年9月10日号より

---

アテネオリンピック出場をかけた北朝鮮戦。開始1分の澤選手の激しいタックルは味方に勇気を与え、敵に恐怖心を植えつけた。夢を叶えるための執念。彼女の生き様を表現した珠玉のひと言。妥協を許さないその厳しい姿勢が、未来への栄光につながっていくのかもしれない。

安藤のような選手の出現を待つのではなく、
我々で育てなければいけない。



村松浩監督（浦和レッズレディース）

2011年4月25日の取材ノートより

なでしこリーグ2011開幕前会見にて。安藤梢の退団以降、10番は不在だったが、若手の吉良知夏に10番を与えた意図を聞かれたひと言。

ある時〝わかる〟瞬間が来るんです。
教えてできるものではないんで、
わかるまで自分で
やり続けるしかないんです。



**大野忍**

『スポルティーバ』
2010年6月号より

当時の日テレ・ベレーザのチームメイト、岩渕真奈について。敵に向かってドリブルしていく岩渕を見て、「昔の自分もこうだったな〜」と思うこともあるという。そんなときは「どんどんやれっ!」と声をかける。言葉の裏には、ドリブルなどのコツが〝わかる〟まで練習をし続けてきたドリブラー・大野の努力の跡が見える。

一戦一戦勝つことによってその先がある。

## 佐々木則夫監督

2011年6月30日の取材ノートより

---

11年女子W杯ドイツ大会。次の一勝で決勝トーナメント進出が決まるという試合を翌日に控え、目の前の一戦だけに集中するよう選手へ促した言葉。高い集中力を発揮したなでしこジャパンは翌日のメキシコ戦に勝利し、見事に決勝トーナメント進出をつかみ取った。

トロフィを掲げる姿が想像できる。

## 澤穂希

2011年7月16日の取材ノートより

---

自身も初めて経験する世界大会の決勝を前に、優勝したあとの勇姿を思い浮かべた。そしてまさに有言実行となる。澤はその翌日に高々と優勝トロフィを両手で掲げたのだ。想像する未来は必ず実現する。そう思わせてくれる力みなぎるコメント。

FIFA
adidas
JAPAN

6
18
adidas

# 人間、欲が出ちゃうんで。



**澤穂希**

『サンケイスポーツ』
2011年7月20日号より

凱旋帰国後、記者に「今後は？」と尋ねられて。「ロンドンオリンピックでも金メダルを獲りたい」と抱負を語った。33歳にしてなお、その向上心はとどまるところを知らない。その姿勢に学ぶべきことは多い。

（W杯優勝は）

# ゴールじゃない。通過点。



**熊谷紗希**

『サンケイスポーツ』
2011年7月19日号より

---

11年女子W杯ドイツ大会決勝アメリカ戦直後のコメント。大会後には、ドイツへの海外移籍を決めて、これからの日本代表を背負っていく期待の20歳。W杯優勝にも浮かれることなく、しっかりと先を見据えていた。ひとつ目標を達成したら、すぐに次の目標を見つける。そうして成功や挫折を繰り返すことで人は成長できるのかもしれない。

常に目標があるからこそ、
ここまでがんばってこれた。



澤穂希

『日刊スポーツ』
2008年8月7日号より

北京オリンピックグループリーグ初戦ニュージーランド戦を終えて。まだメダルを獲得したことのなかった澤にとって、この大会にかける思いは強かった。強く生きるために、常に目標が必要であることを、澤は自ら示した。

4強というより、
あと2試合できるのがうれしい。



池田（旧姓・磯崎）浩美

『日刊スポーツ』
2008年8月16日号より

北京オリンピック決勝トーナメント第1戦中国戦後のコメント。今大会での引退を決意していた池田にとって、なでしこジャパンで、ひとつでも多く試合をしたいという願いをこめた。チームを思いやる気持ちが、素晴らしい結果を生むという好例。

試合が終わったら、
もう走れなくなるまで走りたい。



**澤穂希**

『日刊スポーツ』
2008年8月21日号より

北京オリンピック3位決定戦直前のコメント。長年、なでしこジャパンをともに支えてきた池田浩美の最後の試合ということもあり、固い決意を口にした。仲間の最後の花道を飾るためにも、死力を尽くす。まさにチームの鑑と言うべき団結力である。

夢は見るものじゃなくて
叶えるものだと思っている。



**澤穂希**

2011年7月19日の取材ノートより

11年女子W杯ドイツ大会を終え帰国後の会見で語った言葉。世界一という大きな夢を叶えるため、努力を続けた澤だからこそ説得力が増す言葉。努力をすれば夢は叶うと、多くの人に勇気を与えたひと言だった。

私のなかでは、
ワールドカップは終わったこと。
もう置いていこうかと。

宮間あや

『Number』
8月18日号より

---

11年女子W杯ドイツ大会から帰国後、同誌のインタビューにて。中長期的な視点で、女子サッカーを盛りあげていきたいと考えている宮間は、早くもロンドンオリンピックを見据えていた。熱狂に包まれた母国に戻ってからも、クレバーな宮間は自分のスタイルを保ち続けていた。常に前進を続けることこそ、今の日本に必要なことなのかもしれない。

（澤は）日本の女子サッカーの歴史そのものだ。



竹本一彦（元日テレ・ベレーザ監督）

『日刊スポーツ』
2011年7月16日号より

---

11年女子W杯ドイツ大会決勝を目前に、同紙のインタビューにて。澤穂希が日テレ・ベレーザに所属していた時代の監督でもある竹本。澤を〝キングカズ〟になぞらえ、〝クイーン澤〟と評した。誰よりも強く日本女子サッカーの発展を願った澤は、生けるレジェンドと呼んでもおかしくはない。

もう〝ゴッド〟と呼んでも
いいんじゃないかな。



三浦知良

『日刊スポーツ』
2011年7月19日号より

〝クイーン澤〟と呼ばれていることに関して、〝キングカズ〟のコメント。「サッカーで一番大切なモノを教わった」と彼女たちの勇姿を絶賛。最後まであきらめずに勝利に向かって走り続けたなでしこジャパンは、まさに神のような輝きを放っていた。

東北のみなさんへ
忘れたことはありません。
いつも自分にできることを考えています。
今回『良い結果を届ける』その一心でした。
メダルを持ってみなさんのところへ会いに行きます。
待っていてください。

## 国旗に書かれたなでしこジャパンからのメッセージ

『日刊スポーツ』
2011年7月19日号より

---

東日本大震災の被災者に向けて、なでしこジャパンがメッセージを書き込んだ国旗を掲げた。震災の影響でクラブが活動を休止してしまった鮫島彩などを中心に、復興に向けてエールを送った。自分にできることを精一杯がんばる。その姿勢こそが、被災者にとっても、何よりの励みになったのではないだろうか。

WE ARE WITH YOU
マリーゼ　常盤木　アカデミー福島
がんばろうニッポン



INAC神戸レオネッサ
サポーター有志

2011年なでしこリーグ
試合会場より

---

東日本大震災の被災地となった東北のクラブへの激励として掲げられた横断幕の言葉。

# がんばれ日本　危機を乗り越え



韓国代表サポーター
「レッドデビルズ」有志

2011年なでしこリーグ
試合会場より

---

東日本大震災に寄せてINAC神戸レオネッサの試合会場に掲げられた横断幕の言葉。

# ここからが始まりなんです。

144

上田栄治

『日刊スポーツ』
2003年7月13日号より

2003年7月12日、女子W杯アメリカ大会への出場をかけたメキシコとのプレーオフを2－0で勝利して。当時監督を務めていた上田にとっても背水の陣とあって、この試合は相当なプレッシャーだった。日本女子サッカーがひとつの危機を乗り越えた瞬間の言葉。逆境を乗り越えたとき、人はようやくスタートラインに立てるのかもしれない。

# フクシマの年の日本の伝説



NYタイムズ

『朝日新聞』朝刊
2011年7月19日号より

11年女子W杯ドイツ大会決勝の日本を評して。対戦国だったアメリカメディアも、この奇跡的な優勝を大きく報道。その活躍を東日本大震災となぞらえ、賞賛した。これからの復興へ歩を進める日本に大きな勇気を与えたなでしこジャパン。伝説はまだ始まったばかりだ。

日本はどれだけ美しいかを見せつけた。

## ドイツ・キッカー紙

『サンケイスポーツ』
2011年7月15日号より

---

11年女子W杯ドイツ大会準決勝スウェーデン戦のなでしこジャパンの戦いぶりを評して。華麗なパス回しで、身体的なハンディを感じさせない戦術は、各国が絶賛した。日本が世界と対等に戦うために、何が必要か。それを知れば、なでしこジャパンのように、あらゆるハンディを乗り越えることができるだろう。

# 今まで、ありがとう。



**池田（旧姓・磯崎）浩美**

『日刊スポーツ』
2008年8月22日号より

北京オリンピック3位決定戦ドイツ戦で敗れ、ピッチの上で泣き崩れるチームメイトの手をとって。12年間、なでしこジャパンで戦い続けた主将は、感謝の気持ちをもって、ピッチを去っていった。その勇姿に次の世代は勇気づけられた。

3
3

加したGKの3選手は、佐々木則夫監督が驚くほど何度も何度も分析ビデオを繰り返し見ていたという。実直な3人の姿について、佐々木監督は会見やミックスゾーンで清々しく賞賛を送っていた。

　また、なでしこジャパンの姿は世界中から賞賛を浴びた。優勝という結果はもちろん、MF宮間あやの優勝決定直後の行動は特に素晴らしかった。

　GK海堀あゆみの元に、なでしこジャパン選手・スタッフが走り寄って行くのを見ながら、センターサークルに残った宮間は、なでしこジャパンの横で列を作っていたアメリカ選手にゆっくり歩み寄り、静かに肩を叩き合って互いの健闘を称えたのだ。実に感動的なこの宮間の行動に象徴されるように、なでしこジャパンは優勝トロフィだけでなく、フェアプレートロフィまでも日本に持ち帰った。

　JFAが打ち出している女子サッカー発展のための指針『なでしこビジョン』で示されているとおり、なでしこジャパンには明るさも、ひたむきさも、芯の強さも、そして礼儀正しさも備わっていた。

文＝馬見新拓郎

column 5

# 素顔のなでしこ
## ―世界一に立った女性らしいエピソード―

なでしこジャパンもなでしこリーガーも、ピッチを離れればひとりの女性に戻る。というのは、一昔前の話だ。ピッチに立って体をぶつかり合わせ、ボールを追いかけているときも、女性は女性である。

主に男子サッカーを取材している報道陣がなでしこジャパンの取材現場で感じることは、雰囲気が緩すぎることだという。2011年女子W杯決勝・アメリカ戦の前日でも、練習メニューの合間には選手同士が大きな声で笑い合い、ふざけ合う姿がよく見られた。そんな姿は男子サッカーの現場では、あまりないことだ。

1981年に初めてサッカー日本女子代表チームが編成されてから31年目、金メダルをかけたビッグゲームを前にしても「ふだん通りに」と各選手と監督が口々に言った、このなでしこらしい調整を貫いたことが、結果的には大きな結果につながった。

緩すぎるのではなく、根本的なチーム全体の明るさがなでしこジャパンの雰囲気を醸し出しているのだ。

取材現場では女性らしい丁寧な心配りも目にすることができる。例えば練習で敵と味方を区別するときに着用するビブスだ。男子選手ならビブスを脱いだあと、ピッチ脇に投げるように置くのが当たり前だが、なでしこジャパンは違う。両手でビブスをきれいに重ね、用具係が持って帰りやすいようにそっと置くのがなでしこ流だ。

「自分たちらしいサッカーを」と試合には臨むが、対戦相手の分析は欠かさない。特に今回の女子W杯に参

# 第5章
# 撫子
the nadeshiko

チームメイトに
「やっぱ澤さんは持ってるや！」
って言われましたよ。

## 澤穂希

2011年7月1日の取材ノートより

11年女子W杯ドイツ大会グループリーグ第2戦メキシコ戦後、ミックスゾーンでのコメント。なでしこジャパンが決勝トーナメント進出をかけた試合で、見事なハットトリックを決めてチームを決勝トーナメントに導くだけでなく、男女を通じた日本代表での歴代最多得点記録で単独トップ（当時78得点）に立った澤。重要な一戦で勝負強さを発揮した澤に対して、チームメイトから試合後にかけられたという祝福の言葉。

プレーを通じて、
日本のみんなに勇気と元気を与えたい。
その思いが常に私たちの心の中にあります。



佐々木則夫監督

2011年7月16日の取材ノートより

「東日本大震災がチームの士気向上につながっているか」という海外記者の質問に対して、佐々木監督がこのように力強く回答した。

コンゴ代表については、今後考えます。



佐々木則夫監督

2008年11月13日の取材ノートより

---

08年U-20女子W杯チリ大会直前国内合宿でのお得意ギャグ。なでしこジャパンと兼任しているU-20日本女子代表の監督として、U-20女子W杯へ向け対戦相手の分析を進めていた佐々木監督。グループリーグで対戦するアフリカ代表のU-20コンゴ女子代表については、あまり情報がなかったのか記者に〝オヤジギャグ〟を一発。練習用具を持って佐々木監督の脇を通る選手も、失笑していた。

# どうやって選手を笑わせるか
# 常に考えている。



**佐々木則夫監督**

『日刊スポーツ』
2008年8月13日号より

北京オリンピックグループリーグ第3戦ノルウェー戦後、記者に監督の秘訣を聞かれて。当時は、北京に綾小路きみまろのDVDを持ち込み、練習中によくモノマネしていたという。いかに選手たちをリラックスさせられるか。マネジメントにも活かせそうなひと言。

男性であれ女性であれ、
サッカー選手として持つべき意識、
果たすべき責任の重みは同じだ。



佐々木則夫監督

『なでしこ力』(講談社)より

女子サッカーの指導をすることになった当初からの持論。もちろんプロとアマチュアとの関係でも同様。「私には無理」という言い訳や弱気をいっさい認めず、高い意識を持ってほしいということ。

# チョウチョを追いかけてたら、山の頂上まで来ちゃった。



**小野寺志保**

『週刊サッカーマガジン』
2009年6月23日号より

日本代表のGKとして2度のオリンピックと3度のワールドカップを経験。その現役生活を振り返ってのひと言。最後の最後まで夢中だったという。手でボールを扱えるからという理由でGKを選択し、それが代表選手に名を連ねるまでに成長。日テレ・ベレーザでは、長らく正GKの座を守った。

外国人に
「俺はなでしこのファンだ」
って言わせてやりたい！

## 宮間あや

『サブラ』
2008年3月号より

---

北京オリンピックへの決意を聞かれて。「最後まで諦めない姿勢で世界中のファンの心をつかみたい。そのうえで日本人がブラジルやイタリアを応援するような感覚」で私たちを応援してほしいという。

結婚は
サッカーのためにプラスになると思ったから。
もしマイナス要素があれば
してないと思う。

池田(旧姓・磯崎)浩美

『週刊サッカーマガジン』
2009年6月23日号より

元日本女子代表・大竹奈美との対談にて。「サッカー選手として、結婚前と結婚後では何か変わった点はあるの?」との問いに、努力家の池田らしい回答。結婚後もサッカー選手として活躍し続けた池田の姿は、他のなでしこジャパンメンバーに限らず、多くの女性にとっても憧れの存在なのかもしれない。

オリンピックから得たものはたくさんあります。
いつどんな時でも〝遊び心〟が大切だ、
ってこととか。



荒川恵理子

『JUNON』
2004年12月号より

アテネオリンピックを戦って見えてきたことは、自分自身が大いに楽しまなくては、いいプレーや人の心に残るようなプレーはできない、と語った荒川。どんなときでも心に余欲を持つことは重要だ。

私はただ、
もっと上手くなりたいと思っているだけですよ。
だって好きなことだもん。
上達したいと思うのが普通。



**澤穂希**

『週刊サッカーマガジン』
2009年3月17日号より

ベレーザの先輩でもある元日本女子代表・大竹奈美との対談でのひと言。「今でもスーパーな存在なのにまだまだ上を目指してるよね。今サッカーやってる女の子たちにどうやったらサワみたいになれるのかアドバイスするとしたら?」との問いに答えて。

小さな女の子に「澤選手みたいになりたい」
って言われたりすると嬉しいし、
これからもずっと目標とされる選手でいたい。



**澤穂希**

『スポルティーバ』
2005年1月号より

インタビュアーから「澤選手のプレーは自然体で楽しそうで、外からみていて羨ましい」と言われた際のコメント。「自分がやりたいことを見つけられずに今まできてしまった。だからこそ、澤の試合を観に行くんだ」と言ってくれる友人もいるという。

いいんですよ、素で（笑）。
そのままの自分でいいかなと。



**澤穂希**

『スポルティーバ』
2005年1月号より

「なでしこジャパン」の愛称発表の裏側を暴露。赤い浴衣を着る予定だったなでしこメンバーは「化粧道具は各自持参で」と言われ、「ひとつも持っていない」澤選手は困惑。なぜ化粧が必要なのか、サッカーするのに必要ないときっぱり。澤選手らしい素のコメント。

MARUYAMA
12
JAPAN

最近、みんな草食系でいやなんですよね。
ごっつい人、男らしくて亭主関白くらいがいい。

**澤穂希**

『日刊スポーツ』
2011年6月24日号より

---

11年女子W杯ドイツ大会前に行われた元日本代表・釜本邦茂との対談にて、男性の趣味を聞かれて。澤は料理も得意で、ピッチの外では女性らしい一面も見せる。

# あなた、女の子かい？



**釜本邦茂**

『日刊スポーツ』
2011年7月2日号より

澤穂希が小学校4年生のときに、訪れた『釜本サッカー教室』にて。男子に混じって、来ていた澤を見つけて、釜本がこう話しかけたのだという。その24年後、澤は釜本が持つ日本最多得点記録を塗り替えることになる。歴史的な出会い（？）の瞬間でもあった。

# MAX楽しみたいっす!!



**海堀あゆみ**

『日刊スポーツ』
2011年7月12日号より

---

11年女子W杯ドイツ大会準々決勝ドイツ戦での歴史的な勝利に対して。準決勝という未知の領域に足を踏み入れることになり、興奮した海堀が、次のスウェーデン戦への意気込みを語った。どんなにプレッシャーがかかっても、〝楽しむ〟という心構えが大切。

さよならは国立で。



TASAKIペルーレFC.
サポーター

2008年全日本女子選手権
試合会場より

---

2008年いっぱいで休部が決定したクラブに対し、全日本女子選手権の決勝まで勝ち進もうとの意味をこめて掲げられた横断幕のメッセージ。

# 入ると思って蹴らないと入りませんから。



宮間あや

『日刊スポーツ』
2008年8月7日号より

北京オリンピックグループリーグ初戦ニュージーランド戦で、PKを決めた宮間の試合後のコメント。審判の不可解な判定に悩まされながらも、0−2という逆境から、この1点を皮きりに何とか2−2の引き分けにまで持ち込んだ。自分の力を信じ抜くこと。彼女にはそれができる強さがある。

# 金色のラメを入れてるんです。シルバーは絶対使いません！



川澄奈穂美

2011年7月15日の取材ノートより

手先が器用でネイルにもこだわりを持つ川澄が、記者に自慢のネイルを見せながら、このコメント。銀メダルを意味するシルバーを使わなかった、なでしこジャパンきってのファッションリーダーの気配りが功を奏したのか、彼女たちの胸には金色のメダルが輝くこととなった。

INAC

試合後半は何かが彼女たちを後押ししているように見えた。



アビー・ワンバック

『日刊スポーツ』
2011年7月19日号より

11年女子W杯ドイツ大会決勝日本戦を終えた直後のコメント。奇跡的な同点劇からのPK戦での敗北を喫したアメリカのエースは、なでしこジャパンに技術以上の何かを感じ取っていた。まさに神がかり的な強さを見せたなでしこジャパン。

（表彰台からの眺めは）生きてきた中で一番の景色だった。



丸山桂里奈

『サンケイスポーツ』
2011年7月19日号より

11年女子W杯ドイツ大会決勝直後のコメント。準々決勝ドイツ戦では、見事な決勝ゴールを決めて、優勝への原動力となった。努力して勝ち取った場所こそが、もっとも美しい風景となるのだ。

スパイクさんありがとう、明日もよろしくね。



**鮫島彩**

『Number』
8月18日号より

---

試合前夜になると、こう言ってスパイクに願掛けするのが恒例の儀式。走ると内股になる〝女の子走り〟はチームメイトにもよくモノマネされるという。癒し系の鮫島らしい言葉。11年女子W杯ドイツ大会では、両足のスパイクから放たれたクロスで、左サイドから何度もチャンスメイクした。

# 世界のみなさん、日本の女性は我慢強いのです。

吉田麻也（VVVフェンロ）

『日刊スポーツ』
2011年7月12日号より

---

11年女子W杯ドイツ大会準々決勝ドイツ戦の勝利を受けて。120分間粘りに粘り続けて、勝利を果たしたなでしこジャパンを称えた。男子も負けてはいられないだろう。

勝てないと思っていた。信じられない。



川淵三郎

『日刊スポーツ』
2011年7月15日号より

11年女子W杯ドイツ大会準決勝スウェーデン戦の勝利を受けて。なでしこジャパンの「自己犠牲の精神」で成り立った勝利に感無量だった。あらゆる常識を覆す力が、なでしこジャパンにはあった。

純粋にサッカーが好きな選手ばかり。
澤はそういう先輩の背中を見てプレーしてきた。
その澤の背中を見てプレーする
(今の)選手たちには、
歴代の選手たちの思いが受け継がれている。



鈴木保

『日刊スポーツ』
2011年7月15日号より

澤穂希を15歳で初めて代表に抜擢した当時の監督でもある鈴木。輝かしい時代も苦しい時代も乗り越えてきた澤と、その礎を築いた歴代の選手たちを称えた。偉大な先人たちの歴史の上に、我々は生きているのだということを実感させてくれる言葉。

自分にはドリブルしかないので、
それをピッチで出せないとこれからも何もない。



岩渕真奈

2010年2月6日の取材ノートより

東アジア選手権第1戦、中国戦で待望のなでしこジャパンデビューを果たした岩渕。自身が無得点に終わったためか、少し悔しそうな表情を浮かべながらコメント。フル代表は甘くないと自らを奮い立たせるような言葉を残した。

# 自分にとっては
# 大きすぎるトピックスです。



**岩渕真奈**

2010年3月29日の取材ノートより

---

2010年シーズンから、澤などが付けた伝統の背番号10を日テレ・ベレーザで背負うことが決まってから、岩渕が初めて公の場でコメント。「岩渕選手にとってシーズン開幕前に大きなトピックスがありましたね」という記者の質問に答えたもの。小さくない重圧を感じながらも周囲の期待に応えて、そのシーズンはなでしこリーグで優勝を勝ち取った。

まだまだサッカーがうまくなると思っている。
最近またサッカーが楽しくなってきた。



澤穂希

2011年7月19日の取材ノートより

---

澤がINAC神戸レオネッサに移籍加入してから、2011年シーズンのなでしこリーグ開幕前に行なったプレシーズンマッチ後の言葉。ベテランの域に達しながら、新天地でさらに自らが成長することを期待しながら笑顔で話した。

# どんな試合でも
# 納得できる試合は1試合もない。



宮間あや

2011年7月3日の取材ノートより

この自分への厳しさこそが、どんなチームでプレーしても宮間がチームの中心となる最大の理由。メキシコに快勝して決勝トーナメント進出を決めたものの、自分たちを戒めるようにまた次の試合に臨むことを誓った。

# なんか、まだ夢を見てるみたいです。



**澤穂希**

2011年7月13日の取材ノートより

11年女子W杯ドイツ大会準決勝・スウェーデン戦後。女子W杯では欧州勢に一度も勝利したことがなかったなでしこジャパンだが、ドイツ、スウェーデンに連勝して、さらに初のメダルまでも確定させたあと、その余韻に浸った様子で口にした言葉。

咲き誇れ
撫子 日本

# おわりに――あなたの夢は何ですか？

なでしこの夢は、「ワールドカップで世界一になること」だった。

未曾有の大震災に見舞われた２０１１年、なでしこは大好きなサッカーを続けられることに喜びと感謝の心を抱き、また、復興のために頑張る日本の人々に勇気を与えたいと、最後の最後まであきらめずに戦った。

「日本のみんなの心にも、金メダルを掛けてあげたい」

彼女たちはきっと、そんな気持ちで走り切ったのだと思う。


彼女たちが大きな夢を叶えた６日後、私は神戸を訪れた。

７月24日、夏休み最初の日曜日。

プレナスなでしこリーグ、ＩＮＡＣ神戸対ジェフ千葉レディースの試合には、１万７８１２人もの観客が詰めかけた。「世界一のなでしこを一目見たい」と、大半の観客は初めて女子サッカーを観戦したのではないだろうか。

ワールドカップというビッグイベントが終わっても、たくさんの声援を浴びながらプレーできることに、なでしこたちは喜び、感謝し、そしてひたむきに走った。

私がなでしこに心を奪われる理由は、「苦しい環境を我慢している」からではない。「なりたい自分」になるために生きる姿が、何よりも美しいと思うからだ。

あなたの夢は何ですか？

夢をあきらめないなでしこの姿は、私たちに、夢を見ることの素晴らしさを教えてくれる。
夢は、努力や願望だけでは叶わないかもしれない。それでも彼女たちは、「夢に向かって、みんなも『私にはできる』と信じてみようよ」と、私たちにメッセージを送り続けている。
彼女たちは、ひたむきにサッカーに取り組む姿を見せることで、私たちの夢を応援してくれているのだ。

なでしこの咲くスタジアムは、サッカーをやる側も、見る側も、それぞれの夢を応援しあう場所。
もし、あなたが夢にくじけそうになったら、ぜひスタジアムに足を運んでみてほしい。
なでしこが、あなたを励ましてくれるはずだから。

江橋よしのり

## 編者紹介

**江橋よしのり**（えばし・よしのり）

1972年生まれ、茨城県石岡市出身。早稲田大学商学部卒。在学中よりフリーライター。2003年以降、世界の女子サッカーを幅広く取材し、これまでにオリンピック2回、女子ワールドカップ2回を全日程現地取材。なでしこジャパン佐々木則夫監督の著書『なでしこ力』（講談社）の企画・構成を担当。共著書に『なでしこゴール！ 女子のためのサッカーの本』（講談社・日本サッカー協会推薦図書・全国学校図書館協議会選定図書）がある。

**馬見新 拓郎**（まみしん・たくろう）

1984年生まれ、鹿児島県阿久根市出身。九州スクールオブビジネス マスコミ広報学科20期生。携帯電話公式サイト「オーレ！ニッポン」(株式会社シーエー・モバイル)編集部を経てフリーに。同サイトで「なでしこらむ」を連載。各年代の女子サッカーを中心に取材している。


# なでしこジャパン
# 壁《かべ》をこえる奇跡《きせき》の言葉《ことば》128

編　者　江橋よしのり
　　　　馬見新 拓郎

発行所　株式会社 二見書房
　　　　東京都千代田区三崎町2-18-11
　　　　電話　03（3515）2311［営業］
　　　　　　　03（3515）2313［編集］
　　　　振替　00170-4-2639

印　刷　株式会社堀内印刷所
製　本　ナショナル製本協同組合

落丁・乱丁本はお取り替えいたします。定価はカバーに表示してあります。


ISBN978-4-576-11132-2
http://www.futami.co.jp/